AF358421

CATALOGUE

[Tourvelle]

D'UNE RÉUNION DE BEAUX

OBJETS

DE LA CHINE & DU JAPON

ÉMAUX CLOISONNÉS, BRONZES, JADES, PORCE-
LAINES, BOIS INCRUSTÉS, OBJETS DIVERS;

DONT LA VENTE AUX ENCHÈRES PUBLIQUES AURA LIEU

HOTEL DES VENTES

RUE DROUOT, SALLE N° 3

Le Samedi 23 Février 1867

A DEUX HEURES PRÉCISES

Par le ministère de Mᵉ **CHARLES PILLET**, Commissaire-Priseur,
rue de Choiseul, 11,
Assisté de M. **FEBVRE**, Expert, rue Laffitte, 12,
CHEZ LESQUELS SE DÉLIVRE LE CATALOGUE.

EXPOSITION PUBLIQUE

Le Vendredi 22 Février 1867, de 1 heure à 5 heures.

PARIS

RENOU & MAULDE

IMPRIMEURS DE LA COMPAGNIE DES COMMISSAIRES-PRISEURS
Rue de Rivoli, 144

1867

CATALOGUE

D'UNE RÉUNION DE BEAUX

OBJETS

DE LA CHINE & DU JAPON

ÉMAUX CLOISONNÉS, BRONZES, JADES, PORCE-
LAINES, BOIS INCRUSTÉS, OBJETS DIVERS;

DONT LA VENTE AUX ENCHÈRES PUBLIQUES AURA LIEU

HOTEL DES VENTES

RUE DROUOT, SALLE N° 3

Le Samedi 23 Février 1867

A DEUX HEURES PRÉCISES

Par le ministère de Me **CHARLES PILLET**, Commissaire-Priseur,
rue de Choiseul, 11,
Assisté de M. **FEBVRE**, Expert, rue Laffitte, 12,
CHEZ LESQUELS SE DÉLIVRE LE CATALOGUE.

EXPOSITION PUBLIQUE

Le Vendredi 22 Février 1867, de 1 heure à 5 heures.

PARIS

RENOU & MAULDE

IMPRIMEURS DE LA COMPAGNIE DES COMMISSAIRES-PRISEURS
Rue de Rivoli, 144

1867

CATALOGUE

D'UNE RÉUNION DE BEAUX

OBJETS

DE LA CHINE & DU JAPON

ÉMAUX CLOISONNÉS, BRONZES, JADES, PORCE-
LAINES, BOIS INCRUSTÉS, OBJETS DIVERS ;

DONT LA VENTE AUX ENCHÈRES PUBLIQUES AURA LIEU

HOTEL DES VENTES

RUE DROUOT, SALLE N° 3

Le Samedi 23 Février 1867

A DEUX HEURES PRÉCISES

Par le ministère de Mᵉ **CHARLES PILLET**, Commissaire-Priseur,
rue de Choiseul, 11,
Assisté de M. **FEBVRE**, Expert, rue Laffitte, 12,
CHEZ LESQUELS SE DÉLIVRE LE CATALOGUE.

EXPOSITION PUBLIQUE

Le Vendredi 22 Février 1867, de 1 heure à 5 heures.

PARIS

RENOU & MAULDE
IMPRIMEURS DE LA COMPAGNIE DES COMMISSAIRES-PRISEURS
Rue de Rivoli, 144

—

1867

CONDITIONS DE LA VENTE

Elle sera faite au comptant.

Les Acquéreurs paieront CINQ POUR CENT en sus du prix d'adjudication.

L'Exposition mettant les Acquéreurs à même de se rendre compte de l'état des Objets, il ne sera reçu aucune réclamation une fois l'adjudication prononcée.

DÉSIGNATION

DES OBJETS

Émaux cloisonnés.

1 — Grand et beau Ting à anses élevées et à jour; sur les quatre faces se dessinent en gros bleu sur fond turquoise, des grecques et des yeux de pélicans, emblème de la vigilance; les coins et les angles avec arêtes saillantes en bronze doré; le couvercle dômé est surmonté d'une chimère accroupie également en bronze doré. Cette pièce est soutenue par quatre pieds contournés, partie émaillés et partie à têtes d'animaux chimériques en bronze.

2 — Magnifique vase de forme balustre à huit pans, entièrement décoré de frises, de grecques en bleu de roi, de fleurs variées et d'entrelacs en émaux de couleurs sur fond turquoise; anses grecques à jour également émaillées.

3 — Brûle-parfums de forme rectangulaire à panse renflée, décor de grecques et de salamandres entourant des cartouches portant des caractères chinois; pieds ronds contournés à têtes de tigres en bronze, anses à jour formées par des tigres en bronze doré détachés à jour; couvercle dômé en bois naturel repercé, surmonté d'une cornaline.

Cette pièce repose sur un socle à galerie partie émaillée et partie en bois sculpté.

4 — Vase balustre à quatre faces. Très-belle pièce ornée de quatre frises à palmettes à entrelacs, et aussi des emblèmes de la Vigilance; le tout en émaux de tons variés et puissants sur fond turquoise; anses en bronze à têtes de tigres soutenant des anneaux mobiles.

5 — Très-beau Bol en émail du Fo-Kien, décoré à l'intérieur de cinq frises, de fleurs sur fond blanc et d'une rosace; l'extérieur, contre-émaillé, est entouré de cinq frises et d'une partie quadrillée en cuivre sur fond blanc.

6 — Deux Brûle-parfums à piédouche, montés sur une tige à parties rondes saillantes; très-richement décorés d'ornements et de frises en émaux de couleurs, sur fond turquoise.

7 — Charmant petit Brazero en fond bleu translucide, sur lequel se détachent en tons variés, des fleurs et principalement des marguerites.

8 — Coupe ornée de fleurs sur fond turquoise translucide et aussi de grecques dans un paysage.

9 — Charmant petit Bol en émail du Fo-Kien; l'intérieur en bronze doré, l'extérieur orné de fleurs et de frises sur fond blanc.

10 — Petit Vase, le bas à panse renflée, le col élevé cylindrique à deux anses, beau décor de fleurs sur fond turquoise.

11 — Petite Jardinière de forme cylindrique enrichie de fleurs et de feuillages en tons variés sur fond turquoise; pieds en bronze doré.

12 — Petite Tasse et sa Soucoupe en émail du Fo-Kien, décor finement cloisonné en émail fond blanc entouré de frises.

13 — Jolie petite Boîte à couvercle, fond fleuri sur bleu turquoise.

Bronzes.

14 — Vase de forme ovoïde, d'une très-ancienne fabrication, la panse entourée de cinq frises de palmettes et de quadrilles gravés; anneaux mobiles formant anses et supportés par des têtes de tigres.

15 — Brazéro; le bas formant coupe surmonté d'une plate-bande contournée; le haut avec partie cylindrique et ornements à jour, ainsi que le couvercle à dôme surmonté d'une figurine assise; cette pièce est entièrement damasquinée d'argent.

16 — Vase à côtes d'une forme curieuse, entièrement damasquiné d'argent; anses à muffles de lions.

17 — Brazéro de forme ronde riche d'ornements damasquinés d'argent; anses élevées à jour.

18 — Très-beau Brazéro de forme ronde, belle patine sur paillons d'or; terrasse même patine.

19 — Vase de forme évasée, la panse à quatre lobes sur lesquelles se dessinent en relief des animaux chimériques.

20 — Cornet à col évasé, à palmettes et arêtes saillantes; pièce entièrement damasquinée d'argent.

21 — Charmante Jardinière sur socle mobile, ornée de côtes saillantes et d'une frise en relief; anses élevées à jour; belle patine.

22 — Petit Vase balustre à quatre pans; au centre et autour du col, deux frises damasquinées l'argent; anses à trompes d'éléphants.

23 — Jardinière de forme basse, ornée en relief de trois
ceintures à filets ronds. Belle patine.

24 — Charmant Vase ayant forme d'une large feuille de
lotus relevée, et retenue par une torsade.

Jades.

25 — Grand Vase hanap en jade blanc ; l'anse formée
par une grecque à jour ; le tour orné de plusieurs salamandres en relief ; très-belle matière.

26 — Coupe en jade blanc, le couvercle dominé par un
bouton creusé et par trois canards en relief.

27 — Grande Coupe en jade translucide jaspé de vert
impérial.

28 — Petit Vase en jade blanc, le tour avec ornements
très-finement gravés, le col entouré d'une salamandre
en relief.

29 — Tasse en jade blanc de forme ovale : l'anse formée
par une salamandre en ronde bosse.

30 — Petite Coupe hanap en jade vert transparent ; anse
à jour, l'extérieur clouté en relief.

31 — Charmante petite Boîte en jade gris à couvercle.
Ces deux pièces ont la forme de feuilles de marguerites ; beau travail.

32 — Deux très-jolies Tasses en jade vert transparent et
moucheté.

33 — Jolie Coupe en jade blanc translucide neigeux
moucheté de vert.

34 — Petite Tasse en jade blanc, le bas avec salamandre
en relief.

35 — Deux tasses en jade vert translucide, moucheté.

36 — Petite coupe en agate onix. Anse et pieds en relief formés par tiges de champignons.

37 — Deux Plaques en jade sculpté.

Cristaux de Roche.

38 — Mandarin assis. Figurine en cristal de roche, d'une belle eau.

39 — Vase à six pans en cristal de roche, le couvercle très-surmonté d'une chimère accroupie.

Porcelaines.

40 — Grand vase balustre fond orange sur lequel se détachent en émaux de couleurs, des fleurs et divers oiseaux, anses à jour formées par des Lions.

41 Vase cylindrique, beau décor de paysage en rehaut d'or sur fond bleu fouetté.

42 Vase balustre entouré en émaux de couleurs de figures de femmes et d'enfants jouant dans des paysages.

43 — Vase potiche orné sur fond blanc en émaux de couleurs, d'une grande quantité de personnages : Empereur rendant la justice.

44 — Vase balustre à ceinture à réseau, émail fond turquoise finement craquelé, anses à trompes d'éléphants.

45 — Deux grandes Bouteilles dites Gargoulettes, décor lavé noir et rouge représentant des Dragons autour desquels éclate la foudre.

46 — Vase de forme cylindrique, décor bleu sur fond blanc : Figures allégoriques dans un paysage.

47 — Brûle-Parfums, de forme ronde, supporté par trois pieds à têtes de tigres, émail fond rouge rubis.

48 — Vase de forme cylindrique ; beau décor en émaux de couleurs offrant un grand nombre de personnages dans un paysage : Réunion de Philosophes.

49 — Bouteille à long col, émail rouge rubis.

50 — Vase de forme ovoïde, émail bleu turquoise, très-finement craquelé.

51 — Deux Vases, de forme cylindrique, entourés sur les panses et sur les cols de personnages chinois dans des paysages ; les deux sujets sont séparés par une frise en rouge de cuivre.

52 — Deux Jardinières, décor brun avec rehauts d'or imitant le cloisonné ; sur quatre parties sont des cartouches de fleurs en couleur.

53 — Grand Vase de forme ovoïde, fond bouton d'or sur lequel se détachent en relief quatre salamandres grimpant, et des fleurs.

54 — Vase à quatre lobes, et grosse panse renversée; très-bel émail rouge rubis.

55 — Vase balustre à col évasé, décor de frises et de personnages chinois en camaïeu bleu.

56 — Très-beau et grand Bol fond turquoise craquelé ; belle qualité.

57 — Beau Plat de la dynastie des Myngs, décor en émaux
de couleurs représentant un Empereur récompensant
un Agriculteur.

58 — Jardinière à quatre lobes, beau décor bleu, de
frises et de médaillons d'animaux chimériques.
(Très-ancienne qualité.)

59 — Très-beau Plat de la dynastie des Myngs ; au centre,
un Cartouche de paysage entouré d'Animaux chimériques en vert, jaune, bleu et rouge de cuivre.

60 — Vase à quatre pans, fond bleu turquoise, craquelé.

61 — Beau Vase à fleurs à six pans, décorés de bran-
chages et de tiges de fleurs, le tout en camaïen bleu.

62 — Grand et beau Bol en porcelaine de Satzuma
(Japon), très-beau décor en rouge de cuivre et or
offrant quatorze médaillons de personnages, de
fleurs et d'animaux chimériques ; belle pièce.

63 — Vase balustré orné en camaïeu bleu de huit frises
à palmettes et entrelacs, anses à chauves-souris.

64 — Très-jolie petite Jardinière ; l'extérieur déco é en
émaux de couleurs de feuillages et de fleurs de marguerites.

65 — Plat creux en porcelaine de Satzuma ; beau décor
de frises et de personnages en rouge de cuivre à rehauts
d'or.

66 — Vase de forme sphérique, la panse ornée de femmes
chinoises et leurs enfants : Scènes de la vie privée.

67 — Deux Jardinières de forme rectangulaire ; sur les
quatre faces sont des paysages avec personnages, décor
camaïeu bleu.

68 — Bouteille gargoulette, fond bleu turquoise craquelé moucheté.

69 — Deux charmantes Jardinières, l'extérieur décoré en émaux de couleurs, de frises en ceintures et de personnages chinois dans des paysages.

70 — Statuette en blanc de Chine : Confucius debout.

71 — Jardinière à col évasé, fond turquoise finement craquelé.

72 — Bouteille fond gros bleu de roi ; très-bel échantillon.

73 — Deux Chimères à gueules béantes, émaillées gris bleu ; elles reposent sur des socles en bois sculpté.

74 — Jardinière ronde de forme basse ; très-bel émail chatoyant, fond violet moucheté de blanc.

75 — Joli petit Vase cylindrique, émail fond noir a rehauts d'or.

76 — Jardinière cylindrique, décor en camaïeu bleu a personnages chinois dans des paysages.

77 — Petite Bouteille décorée de larges taches violettes sur fond brun moucheté.

78 — Deux Bols à fleurs et cartouches émaillés sur fond vert.

79 — Deux Jardinières, de forme contournée, ornées de plusieurs frises et inscriptions chinoises en camaïeu bleu.

80 — Petit Vase balustre fond bleu turquoise, clair uni.

81 — Très-beau Plat en porcelaine fond céladonné vert gaufré sous émail : Frise et Rosace.

82 — Petit Vase cylindrique à fleurs, orné de deux médaillons de fleurs émaillées.

83 — Petit Vase balustre décoré de plusieurs frises
émaillées et de médaillons à dragons.

84 — Deux Bols à bords contournés décorés à l'extérieur
de quadrilles en rouge de cuivre.

85 — Petit Vase ovoïde à côtes formant lobes, bel émail
vert camélia ; bel échantillon.

86 — Deux Bols d'un curieux décor avec fleurs transpa-
rentes, tiges et fruits émaillés.

87 — Vase cylindrique à fleurs, orné de personnages
chinois et de paysages émaillés.

88 — Plat fond bleu turquoise, le marly avec frise appa-
rente, sous émail.

89 — Deux petites Jardinières fond rouge, avec ceinture
de feuillages et fleurs émaillées.

90 — Bol, décor de l'époque des Myngs ; au centre, un
paysage autour duquel voltigent de nombreux
oiseaux.

91 — Bassin vide-poche reposant sur trois pieds ; émail
bleu empois, anses à têtes de lions.

92 — Vase balustre à quatre faces arrondies, beau décor
de l'époque des Myngs : Paysages, fleurs et oiseaux.

93 — Bol d'un joli décor émaillé, à quadrilles et médaillons de paysages.

94 — Plat décoré de trois frises, d'un paysage émaillé et
en barbotine sur fond rouge.

95 — Jardinière cylindrique en porcelaine céledonnée gris, ornée à l'extérieur d'une frise gravée sous émail.

96 — Joli Bol dé forme évasée, émail bleu turquoise clair.

97 — Vase cylindrique, orné d'un paysage en tons gris, avec personnages chinois ayant les chairs teintées.

98 — Très-joli Vase forme baril, entouré de trois frises émaillées sur fond chamois craquelé.

99 — Bol en porcelaine, beau décor de fleurs et de feuillages.

100 — Vase cylindrique, décoré en émaux de couleurs de deux personnages chinois : Vieillard et Enfant.

101 — Petit Vase, forme baril, fond jaune impérial uni.

102 — Vase balustre orné de médaillons émaillés à personnages, et aussi de frises de fleurs et de feuillages.

103 — Deux Porte-Allumettes en porcelaine fond chamois craquelé avec paysages en camaïeu bleu.

Divers.

104 — Plaque d'une dimension exceptionnelle (dessus de table) en porcelaine de la Chine ; magnifique et curieux décor représentant l'Apothéose de personnages célèbres, le tout en émaux de couleurs.

105 — Autre Plaque même grandeur que la précédente et aussi même genre de décor : Figures allégoriques.

106 — Grand Plat en cuivre émaillé, riche décor de fleurs et de feuillages sur fond gros bleu.

107 — Petit Bassin en cuivre émaillé même genre de décor que la pièce précédente.

108 — Grand et beau Plateau en bois naturel, riche décor d'ornements de fleurs et d'oiseaux en burgau incrusté.

109 — Beau Plateau en bois naturel, riche décor de fruits et de fleurs en burgau incrusté.

110 — Petit Plateau en bois naturel incrusté de burgau ; à l'extérieur, les emblèmes des quatre saisons. Grande finesse de travail.

Renou et Maulde, imprimeurs de la Compagnie des Commissaires-Priseurs,
rue de Rivoli, 144.   1198